Nach den Regeln der neuen deutschen Rechtschreibung
Lizenzausgabe für Findling Buchverlag Lüneburg GmbH, D-21339 Lüneburg
ISBN 3-937054-67-7

© Michael Neugebauer Verlag
Verlagsgruppe Nord-Süd Verlag AG, Gossau ZH
Lektorat: Prof. Dr. Hans Gärtner
Bildnachweis: Umschlagphoto von Jean Paul Ferrero;
Seite 15, Francois Gohier; Seite 17, Roberto Bunge; Seite 34, Günter Ziesler;
Seite 35 und 50, Edwin Mickleburgh; Seite 51, Clem Haagner; alle ARDEA London.
Alle anderen Photos von Lauritz Sømme.
Alle Rechte, auch die der Bearbeitung oder auszugsweisen Vervielfältigung,
gleich durch welche Medien, vorbehalten
Gesetzt in der Poppl Laudatio, 13.5 Punkt
Druck: Proost N.V., Turnhout

Lauritz Sømme

Das Pinguin-
Kinder-Buch

Sybille Kalas

Findling Buchverlag Lüneburg

Willst du mit uns kommen auf eine Seereise zur anderen Seite der Erde?
Dort, rund um den Südpol, liegt die Antarktis, ein riesiges Land, bedeckt von
einer kilometerdicken Schicht aus ewigem Eis, umgeben von weiten Ozeanen,
mit vielen kleinen und großen Inseln. Nirgendwo sonst auf der Erde wird es so
kalt wie dort.
Eine Reise in die Antarktis ist eine aufregende Sache, denn du wirst Orte besuchen, die noch nie vorher ein Mensch gesehen hat. Es ist, als kämst du in eine
andere Welt. Auf den endlosen Ozeanen triffst du nur selten ein Schiff.
Manchmal taucht ein großer Wal auf und spritzt seine Wasserfontäne hoch in
die Luft. Im eiskalten, tiefblauen Meer schwimmen glitzernde weiße und bläu-
liche Eisberge in allen Größen und Formen. Irgendwann sind sie von den
Gletschern des Festlandes oder der Inseln mit donnerndem Getöse abgebrochen
und ins Meer gestürzt. Jetzt treiben sie hier, bis sie wieder zu Wasser geworden
sind. Die Farben von Wolken, Meer und Eis ändern sich im wechselnden Licht
der Sonne. Manchmal stehen auf einer der schwimmenden Eisinseln die merk-
würdigsten Bewohner der Antarktis: Pinguine. Wie kleine Menschen in Frack
und weißer Weste sehen sie aus.
Wir wollen eine Insel besuchen, auf der die Pinguine ihre Kinder aufziehen.
Nur wenige Menschen haben diese Insel je zuvor betreten. Niemand kann auf
ihr wohnen, denn ihr größter Teil ist von Eis und Schnee bedeckt. Diese Insel,
weit draußen im einsamen antarktischen Ozean, heißt Bouvet-Insel nach dem
Franzosen Jean Bouvet, der sie vor mehr als 250 Jahren entdeckte.

Nach vielen Tagen auf See erscheint am Horizont unser Ziel, die Bouvet-Insel. Beim Näherkommen sieht sie immer mehr wie ein kleines Gebirge aus, das sich aus dem Ozean erhebt und dessen Hänge jäh ins Wasser abfallen. Vor sehr langer Zeit war die Insel ein Vulkan, ein Feuer speiender Berg, der Rauch und Lava in die Luft schleuderte. Jetzt hat ihr Gipfel eine dicke Eiskappe, und einige der Gletscher reichen bis zum Meer. Große und kleine Eisschollen driften vor der Küste in der See.

Unser Schiff ankert draußen im tiefen Wasser. Um auf die Bouvet-Insel zu gelangen, steigen wir in ein Schlauchboot, das uns durch die schäumende Brandung des Ozeans sicher zum Felsenstrand der Insel trägt. Steile Berghänge erheben sich aus dem Meer, und an manchen Stellen haben die Wogen aus den alten Vulkanfelsen merkwürdige Türme und sogar eine Brücke ausgewaschen.

Scharen von Seevögeln, die ihre Nester irgendwo in den steilen Felswänden hinter der Küste haben, fliegen schreiend über uns hinweg. Am Strand treffen wir die Bewohner der Insel. Hunderte von Pelzrobben ruhen sich hier aus. Die uns am nächsten sind, bellen uns an. Große Elefanten-Robben haben sich im Sand ausgestreckt. Schau, dort stehen auch die Pinguine, die wir gerne näher kennen lernen möchten!

Auf dieser Insel wirst du keine Blumen finden, denn hier ist es zu kalt für sie. Hier wachsen nur Moose und Flechten. Sie gedeihen gut im Regen und im Nebel, der oft die Insel einhüllt. Sogar der Sommer gleicht hier mehr einem milden Wintertag in unserer Heimat. Nur an den Berghängen wird es angenehm warm, wenn die Sonne sie bescheint.

Keines dieser Tiere fürchtet sich vor uns. Vielleicht haben sie noch nie im Leben einen Menschen gesehen – jedenfalls keinen, der ihnen Böses tat.
Deshalb müssen sie uns nicht als gefährliches Raubtier betrachten, sondern schauen uns vertrauensvoll und – fast könnte man meinen – ebenso neugierig an wie wir sie. Was diese Robbe sich wohl von dem merkwürdigen Zweibeiner denken mag, der ihr »Guten Tag« sagt?

*Auch den Pinguinen können wir uns nähern, ohne dass es sie stört.
Stell dir vor, du würdest das bei frei lebenden Tieren zu Hause versuchen! Sie waren schon längst weg! Diese lustigen Vögel aber stehen ruhig auf den Felsen und schauen uns neugierig entgegen. Sie heißen Zügelpinguine wegen des schmalen schwarzen Striches, der vom Kinn über die Wangen zum Hinterkopf verläuft und an die Zügel eines Pferdes erinnert.*

Den ganzen langen antarktischen Winter haben die Zügelpinguine draußen im Ozean im Wasser und zwischen den Eisschollen verbracht. Im Oktober und November, wenn bei uns zu Hause die Herbststürme die Blätter von den Bäumen fegen, kehren sie zu ihrer Insel zurück, denn jetzt beginnt in der Antarktis der Frühling. Zuerst kommen die Männchen – und die ersten können sich die besten Plätze für ihre Nester auswählen. Sie bewachen ihre Nistplätze gut und vertreiben alle anderen Pinguine, während sie warten, dass ihre Frauen aus dem Meer kommen. Die Männchen richten sich hoch auf, strecken Hals und Kopf in die Höhe, schlagen mit den ausgebreiteten Flügeln und schreien laut, um allen anderen zu sagen: »Dies hier ist **mein** Nistplatz! Hier wohne **ich**!« Dann kommen eines Tages die Weibchen aus dem Meer, und jedes sucht nach seinem Partner vom vergangenen Jahr. Für dich und mich sehen alle Pinguine – Männchen und Weibchen – gleich aus. Sie aber erkennen sich untereinander wieder und freuen sich, wenn sie sich wiedergefunden haben.

Hier auf der Insel gibt es ja kein Gras und keine Zweige, deshalb sammeln die Zügelpinguine kleine Steine und Kiesel, ordnen sie zu einem Nestwall, und das Weibchen legt seine Eier hinein. Meist sind es zwei, manchmal ist es nur eines. Sie sehen aus wie Hühnereier.
Viele tausend Pinguine leben zusammen in einer Brutkolonie. Ihre Nester liegen so nahe beisammen, dass die Pinguine gerade noch genug Platz haben, um zwischen ihnen durchzugehen.

Im Dezember, im antarktischen Frühsommer, haben die Zügelpinguine schon den größten Teil der fast vierzigtägigen Brutzeit hinter sich gebracht. Mutter und Vater wechseln sich beim Brüten ab. Trotzdem muss jeder der beiden Vögel für längere Zeit ununterbrochen die Eier warm halten, während sein Partner auf Nahrungssuche im Meer ist und sich satt frisst, bevor er zum anstrengenden Brutgeschäft zurückkehrt.
Rund um das Steinnest haben die Pinguin-Eltern einen hübschen Stern aus weißem Kot gespritzt – unabsichtlich natürlich!
Wenn die Pinguine auf dem Nest liegen, sehen sie viel eher wie ein Vogel aus, als wenn sie aufrecht gehen. Nur die Flügel sind gar nicht vogelähnlich, und du kannst dir sicher denken, dass sie nicht zum Fliegen gemacht sind. Sie tragen ja keine Schwungfedern.

Einige der jüngeren Pinguine der Kolonie und solche, die keinen Partner haben oder nicht brüten, haben sich um einen kleinen Tümpel versammelt, in dem die Seehunde spielen.

Siehst du, wie merkwürdig fleckig und zerzaust ihr sonst so glänzend-schwarzer Federfrack aussieht? Die Felsen, auf denen sie stehen, sind dicht mit kleinen Federchen bedeckt: Die Pinguine mausern gerade, das heißt, sie bekommen ein neues Federkleid. Innerhalb eines Jahres sind die Federn sehr zerschlissen vom vielen Schwimmen und Tauchen im salzigen Meerwasser, von unzähligen Sprüngen ins Wasser und an Land, von Rutschpartien übers Eis, von Wind und Sonne, Schnee und Regen. Wenn der nächste Winter kommt, muss das Gefieder aber wieder warm, dicht und glatt sein. Deshalb fallen jetzt, im Sommer, die alten Federn in großen Fetzen ab, und darunter ist bereits das makellos glänzende neue Federkleid gewachsen.

In dieser Zeit der Mauser, die zwei oder drei Wochen dauert, stehen die »Nicht-Brüter« nur tatenlos herum, denn sie können jetzt nicht auf Nahrungssuche gehen. In ihrem undichten Federkleid würden sie im eiskalten Wasser erfrieren.

Komm, jetzt wollen wir sehen, wie weit unser Pinguinpaar mit dem Brüten ist!

Die beiden haben ja schon Kinder! Eines schaut gerade unter dem Bauch seiner Mutter – oder ist es der Vater? – hervor. Es trägt ein weiches, wolliges, hellgraues Daunenkleid, das eher an das Fell eines jungen Säugetieres erinnert als an Vogelfedern.

Überall in der Pinguin-Kolonie sind die Steine bedeckt mit weißen und rötlichen Kotflecken. Sogar der weiße Federfrack des Eltern-Pinguins ist rötlich verfärbt. Die rote Farbe stammt vom Krill.

Krill heißen die Millionen und Abermillionen kleiner Krebse, die die Pinguine im Meer fangen und im Magen zu ihren Kindern bringen. Der Krill lebt vom Plankton, den unzähligen winzig kleinen Lebewesen des Meeres. Die kleinen Krebse sind die wichtigste Nahrung für die vielen tausend Pinguine auf der Bouvet-Insel und in der ganzen Antarktis.

Die beiden Jungen sitzen ruhig auf den Füßen des alten Pinguins, und wenn ihnen kalt wird, können sie sich in seinem warmen Gefieder verkriechen. Sie betteln um Futter, indem sie mit ihrem schwarzen Schnabel den von der Mutter oder dem Vater berühren und dabei leise pfeifen. Dann würgt der alte Pinguin etwas von dem mitgebrachten Krill aus dem Magen hoch und füttert damit seine Kinder.

Jetzt kommt der zweite alte Pinguin vom Fischen zurück. Nehmen wir an, er ist der Vater; denn unterscheiden können wir die beiden nicht! Er hat sich selbst im Meer satt gefressen, und sein Magen ist prall gefüllt mit Nahrung für die Kinder, für die er jetzt sorgen wird, während sich die Mutter auf den Weg macht zum Meer.

Es ist ein weiter und beschwerlicher Weg, den die Pinguin-Mutter zu Fuß zurücklegen muss, wenn sie auch ein Vogel ist und Flügel hat. Über steile, zerklüftete Felsen muss sie steigen, vorbei an vielen anderen Mitgliedern der Pinguin-Kolonie.

Endlich hat eine Pinguin-Gruppe den Strand erreicht. Die flachen Uferfelsen sind ein guter Startplatz für einen Kopfsprung ins Wasser. Gleich werden wir sehen, wozu sie ihre merkwürdigen Flügel gebrauchen können. Mit diesem Sprung ins Wasser werden aus den Vögeln, die aufrecht wie Menschen gehen, ganz andere Wesen – eigentlich Fische mit Flossen. Das Meer ist der wirkliche Lebensraum der Pinguine, den sie nur zum Brüten und Mausern verlassen. Plötzlich wird uns klar, wie gut diese Vögel an ihre eisige Heimat angepasst sind.

Hier »fliegen« sie unter Wasser dahin. Ihr dichtes Federkleid hält sie warm und trocken, zusätzlich wärmt sie eine dicke Fettschicht unter der Haut. Ihr ausgestreckter Körper wird stromlinienförmig, und sie können schnell schwimmen – schnell und elegant wie Fische.
Wenn sie aus den schäumenden Wellen in die Luft schnellen, erinnern sie an spielende Delfine. Dabei legt sich ein dünner Luftmantel auf ihr Gefieder, der sie beim Eintauchen noch leichter durchs Wasser gleiten lässt.

Zuerst fressen sich die Pinguine selbst satt, und dann klettern sie auf eine der blau schimmernden Eisschollen, die wie Inseln im Meer treiben und ein gemütlicher, sicherer Rastplatz sind. Erinnerst du dich noch? Die ersten Pinguine, die wir vom Schiff aus entdeckten, standen auf einer solchen Eisscholle. Auf dem glatten Eis lassen sich die Pinguine manchmal auf dem Bauchgefieder gleiten, und dann geht es in einer sausenden Rutschpartie zurück ins Wasser.

Wenn die Pinguin-Mütter und -Väter ihre Mägen mit Krill für ihre Kinder gefüllt haben, kehren sie zurück zur Bouvet-Insel.

Jetzt sind sie schon nah am Strand, aber bevor sie das Ufer erreichen, werden sie von einer mächtigen Brandungswelle überrollt und zurück ins tiefe Wasser gezogen. Schon sind sie unter den schäumenden Wellen verschwunden.

Aber sie geben nicht auf, und mit jeder Woge kommen sie dem Strand ein Stückchen näher.

Im flachen Wasser werden sie, die gerade noch fischgleich dahinglitten, zu Vögeln, die mit erhobenem Kopf wie Enten schwimmen. Endlich gelingt es ihnen, Boden unter die Füße zu bekommen, und nun verwandeln sie sich wieder in die aufrecht gehenden, schwarz-weiß gekleideten Wesen.

Jetzt haben sie eine Rast verdient, bevor sie die beschwerliche Fußwanderung zu ihren Nistplätzen beginnen, irgendwo in der riesigen Pinguin-Kolonie.

Am Strand treffen sie andere Bewohner ihrer Insel. Diese hier sind Goldschopf-Pinguine. Im Englischen haben sie den lustigen Namen »Makkaroni-Pinguine«. Weißt du warum? Sie tragen am Kopf einige lange, dünne, gelbe Federn, die nach allen Seiten abstehen und an ein Bündel Makkaroni-Nudeln erinnern. Die beiden Pinguin-Arten brüten zusammen in der gleichen Kolonie. Solange alle darauf achten, dass sie dem Nest des Nachbarn nicht zu nahe kommen, streiten sie sich nicht. So können viele Pinguine auf den wenigen günstigen Plätzen brüten. Außerdem sind Eier und Küken in der Kolonie von vielen aufmerksamen Augen besser bewacht, als wenn jedes Pinguinpaar für sich bliebe. Wachsam müssen die Pinguin-Eltern immer sein, der Skuas wegen...

Wenn diese schönen, großen Möwen über die Pinguin-Kolonie hinwegfliegen, erspähen sie mit ihren scharfen Augen jedes unbewachte Ei, jedes kranke oder verirrte Küken.

Die Skua ist ein Wasservogel mit Schwimmhäuten zwischen den Zehen. Sie ist aber auch das, was bei uns zu Hause die Greifvögel sind. Das verraten ihr krummer Schnabel und die gebogenen Krallen. Die Skuas brüten auch hier auf der Insel und haben gerade kleine daunige Jungen in den bemoosten Felsen rund um die Pinguin-Kolonie. In der Nähe der Pinguine können sie sicher sein, immer genügend Nahrung für ihre Kleinen zu finden.

Auf dem Weg zu ihrer Familie treffen die Zügelpinguine die riesengroßen Elefantenrobben, die in kleinen Gruppen am Strand liegen, um sich gegenseitig warm zu halten. Obwohl sie gefährlich aussehen, wenn sie ihre großen Mäuler aufreißen und laut brüllen, fürchten sich die Pinguine vor ihnen nicht.

Anders ist das bei den Pelzrobben. Sie haben bestimmte Stellen am Strand für sich reserviert und greifen die Pinguine an, wenn sie zu nahe herankommen. Zwar fressen die Pelzrobben keine Pinguine, können sie aber bei ihren wütenden Angriffen leicht verletzen. Deshalb nehmen sich die Pinguine vor ihnen in Acht. Hüten müssen sie sich nur vor den gefleckten Leopardenrobben, die im Wasser auf Pinguinjagd gehen.

Auch die Pelzrobben haben im Sommer Kinder. Die sind besonders niedlich, und alle spielen zusammen wie in einem Kindergarten. Genau wie Menschenkinder sind sie dabei am liebsten am Wasser und plantschen herum.

Endlich hat es unsere Pinguin-Mutter geschafft! Gerade ist sie zum Nest zurück-
gekehrt, und jetzt will sie ihrer Familie sagen, dass sie da ist. Sie macht sich so
lang und dünn, wie sie kann, streckt Hals und Kopf nach oben und schreit mit
lauter Stimme. Ob sie das tut, weil sie sich freut, ihre Familie wiederzusehen?

Der Vater, der die ganze Zeit für die Kinder gesorgt hat, ist auch froh, seine Frau
wiederzusehen und »singt« ein kleines Lied. Es ist nicht leicht zu verstehen, wie
die Pinguin-Mutter ihren Mann unter den vielen Pinguinen der riesigen Kolonie
finden kann. Vielleicht erkennen sich die beiden an ihren Stimmen. Deshalb
schreit und singt der zurückkehrende Pinguin, dass der zurückgebliebene hört:
»Hier kommt dein Partner!«

Dann begrüßen sich die beiden, indem sie sich voreinander verneigen. So
sagen sie sich, dass jeder den anderen als seinen Partner erkannt hat.

Jetzt schreien und rufen sie wieder, neigen und verdrehen gemeinsam ihre Hälse. Die beiden Küken kannst du unter einem der Pinguin-Eltern sehen. In ihrem grauen Daunenmantel gleichen sie wolligen Bällen. Sie sind schon ein gutes Stück gewachsen.

Meist sind die Kleinen sehr ungeduldig und schreien nach Futter. Sie stecken den Schnabel weit in den der Mutter hinein, die für sie die Nahrung heraufwürgt.

Ob der Vater sich noch ein wenig über seine Familie freuen will, bevor er aufbricht? Es sieht so aus.

Bald aber muss er sich auf den Weg zum Strand machen. Auch er wird mit einer Menge Krill zurückkommen, denn im kurzen antarktischen Sommer müssen die Küken schnell wachsen.

Im Laufe des Sommers werden die Küken unserer Zügelpinguin Familie größer und größer. Sie sehen erwachsenen Pinguinen schon ähnlich. Die Daunen auf ihrem Rücken nehmen eine dunklere Farbe an, und sie haben hübsche rosa Füße bekommen, genau wie ihre Eltern. Diese scheinen sehr stolz zu sein auf ihre großen gesunden Kinder. Manchmal unternehmen sie kleine Ausflüge in die Umgebung des Nestes, dann ist nur ein Kind zu Hause bei Vater oder Mutter.

Jetzt, im Februar, sind die Küken fast ausgewachsen, tragen aber noch immer Reste von ihrem Babydaunen-Kleid. Manchmal geraten zwei in Streit, wie hier ein Zügel- und ein Goldschopf-Pinguin. Sie sind sich zu nah gekommen und schreien sich gegenseitig mit weit aufgerissenem Schnabel an. Von jedem der beiden schaut Mutter oder Vater zu und achtet darauf, dass sie sich nicht verletzen.

Wenn der Sommer zu Ende geht, sind die Küken fast so groß wie ihre Eltern. Unter den grauen Daunen ist ihnen ein Federkleid gewachsen, genau wie die Großen es tragen. Die Daunen fallen in Fetzen ab, und die glänzenden neuen Federn kommen zum Vorschein. Jetzt werden die Kinder bald ins Meer gehen und sich selbst ihr Futter fangen können. Den Eltern wachsen erst jetzt neue Federn. Vorher konnten sie nicht mausern, denn sie mussten ja Krill für ihre Jungen fangen.

Der antarktische Herbst kommt mit Regen und Schnee. Jetzt, im März, ist bei uns zu Hause Frühling. Hier aber erheben sich wilde Stürme und wüten viele Tage lang. Das Meer ist schaumbedeckt, und gewaltige Wogen brechen sich an den Küsten. Selbst wenn wir ein festes, sicheres Haus hätten, könnten wir jetzt nicht in der Antarktis bleiben. Wir sind froh, zu dieser Jahreszeit nach Hause fahren zu können, in den warmen, hellen Frühling.
Mit voller Fahrt nimmt unser Schiff Kurs nach Norden, in wärmere Gegenden.

Unsere Pinguine bleiben aber noch eine Zeit lang hier, trotz Sturm, Regen und Schnee. Doch sobald ihre Kinder ganz herangewachsen sind, verlassen alle Zügelpinguine – alte und junge – ihre Insel.

Das tun auch die Goldschopf-Pinguine, die Robben und die Skuas. Der Strand wird ruhig und leer. Keine Rufe heimkehrender Pinguine sind mehr zu hören. Niemand schreit mehr seinen Nachbarn an. Kein Robbenkind bellt wütend, weil ihm ein Pinguin zu nahe gekommen ist. Bald bedeckt Schnee den leeren Strand. Gewaltige Winterstürme brausen über den eisbedeckten Ozean. Die Zügelpinguine verbringen den ganzen Winter schwimmend im Meer. Da gibt es eine Menge Krill zu fangen, und wenn sie müde sind, können sie sich auf einer Eisscholle ausruhen. Trotz der eisigen Kälte werden sie nicht frieren in ihrem dicken, warmen Kleid aus Daunen und Federn.

Im nächsten Frühling, wenn die Sonne wieder höher steigt und die Berghänge der Bouvet-Insel wärmt, werden sie zu ihren Brutplätzen zurückkehren, um zusammen mit den anderen Pinguinen der Kolonie ihre neuen Küken aufzuziehen.